관용어 따라쓰기 2

경필

손이 수고해야 먹고 산다

말하기와 글쓰기가 더욱 중요해졌습니다.

논술 교육에 대한 연수를 받다가 웃지 못할 이야기를 들었습니다. 한 중등선생님에게 "초등학교에서 어느 정도까지 지도해서 올려 보내야 할까요?"라고 물었더니 "본인이 쓴 글씨, 스스로 알아보고 읽을 수 있게나 해 달라"고 부탁하시더랍니다.

컴퓨터나 핸드폰 안에 다양하고 예쁜 글씨체가 많아 마트에서 물건을 고르듯 자기가 원하는 글씨체를 마음대로 선택해서 사용할 수 있으나, 막상 학교에서는 필기시험이나 수행평가, 더 나아가 논술 시험 등은 자필로 해야 합니다. 보기 좋은 떡이 맛도 좋다고 깨끗하고 단정한 글씨로 써 내려간 글은 설득력이 더 있어 보여 읽는 이의 마음을 붙잡게 됩니다.

그럼 바른 글씨는 어떻게 써야 할까요?

경필은 붓과 대비된 딱딱한 필기도구를 사용하여 궁서체로 쓰는 펜글씨를 말합니다. 개인적으로 어린이들은 꼭 궁서체를 고집할 필요는 없다고 생각합니다. 글씨 크기가 들쑥날쑥하지 않도록 일정하게 유지하는 것이 깔끔한 자신만의 글씨를 만드는 지름길입니다.

글씨를 바르게 쓰는 것은 마음을 바르게 갖는 연습도 됩니다. 차분한 마음과 바른 자세로 정성껏 글씨를 쓰다 보면 올바른 인성 형성뿐 아니라 한글을 사랑하는 마음도 기를 수 있습습니다. 평생 간직해야 할 좋은 습관 중 하나가 책읽기와 바르게 글씨쓰기가 아닐까 합니다.

"손이 수고해야 먹고 산다"

이 말은 제가 교실에서 어린이들에게 자주 하는 말 중 하나입니다. 손이 수고하며 이 책을 써 내려가는 동안 어린이들이 자신의 마음과 생각을 닮은 바르고 예쁜 글씨를 갖게 될 것을 기대하며 스쿨존의 '글씨 바로쓰기 시리즈'가 다양한 주제로 계속 발간되기를 제안해 봅니다.

우촌초등학교 교사 김연숙

전체 들여다 보기

따라 쓰면서 익히는 관용어

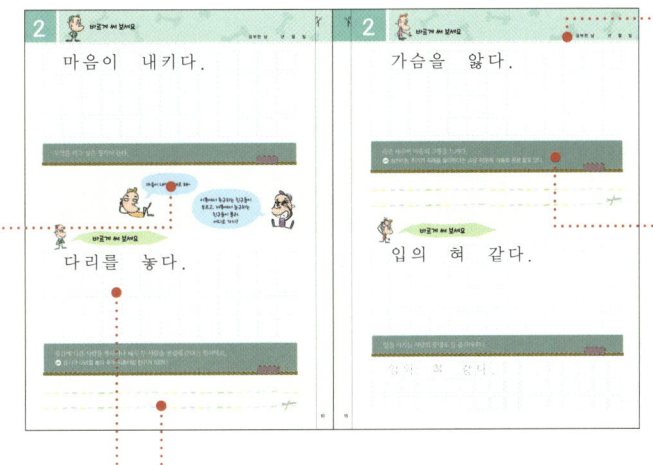

- 공부한 날을 기록해요.
  하고 싶은 만큼 하다 보면 어느새 관용어 124개가 내 거!

- 캐릭터가 이해를 도와요.
  어떤 상황에서 쓰는 관용어인지 웃기게 생긴 아이들이 대화로 알려줘요!

- 설명을 보며 이해해요.
  눈높이에 맞춘 설명과 상황에 맞는 예문이 이해를 도와줘요!

- 칸 글씨로 한 번! 줄 글씨로 또 한 번!
  여러 번 써도 지루하지 않게 글씨도 연습하고 관용어도 익혀요.

다지기는 재밌게~

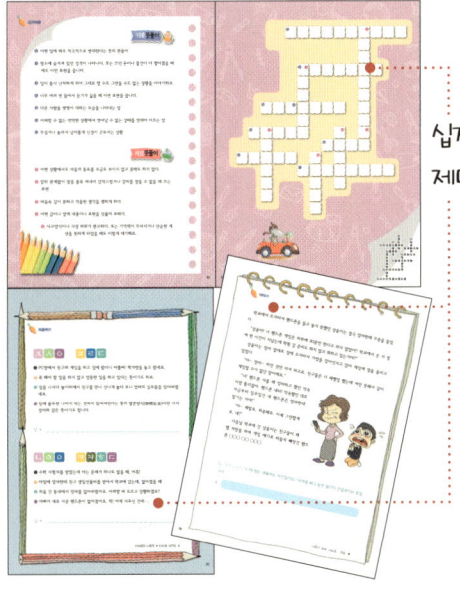

십자퍼즐, 자음퀴즈, 이야기로 제대로 배웠는지 확인해 보아요!

쉬는 것도 공부라죠~

미로찾기, 숨은그림찾기로 휴식도 즐겁게!

1  바르게 써 보세요

공부한 날   년   월   일

날개를 펴다.

생각이나 감정 등을 힘차게 펼친다. '나래를 펴다'로도 써요.
예) "엄마 아빠는 우리 딸이 날개를 펼 수 있도록 도와주는 사람이지."

날개를 펴다.

 바르게 써 보세요

낙동강 오리알

무리에서 떨어져 나오거나 홀로 남게 되는 상태를 이르는 말이에요.

1 바르게 써 보세요

공부한 날   년 월 일

간을 졸이다.

매우 걱정되고 불안스러워 마음을 놓지 못할 때 이런 말을 사용합니다.
예) 지수는 어제 엄마에게 거짓말한 게 들통날까봐 종일 간을 졸였다.

간을 졸이다.

 바르게 써 보세요

낯을 못 들다.

부끄럽거나 창피하여 남을 떳떳이 대하지 못할 때 쓰는 말이에요.

1 바르게 써 보세요

공부한 날   년   월   일

어제가 다르고 오늘이

다르다.

태어난 지 얼마 안 된 갓난아기가 뭐가 매일 다르겠어?

어제가 다르고 오늘이 다르다니까! 오늘은 하품도 크게 했어~

하루하루 변화하는 속도가 매우 빠를 때 이렇게 얘기해요.
예) 할아버지는 우리를 볼 때마다 어제 다르고 오늘이 다르다고 하신다.

어제가 다르고 오늘이 다르다.

1

 **바르게 써 보세요**

공부한 날   년   월   일

입술을 깨물다.

> 분하거나 고통스러워 북받치는 감정을 힘껏 참다. 또는 어떤 결심을 굳게 할 때도 이렇게 표현합니다.

입술을 깨물다.

 바르게 써 보세요

뱃가죽이 등에 붙다.

> 먹은 것이 없어서 배가 홀쭉하고 몹시 배가 고프다.

1 바르게 써 보세요

공부한 날   년   월   일

허리띠를 졸라매다.

검소한 생활을 하다. 또는 마음먹은 일을 이루려고 새로운 마음으로 각오를 다질 때도 쓰는 말이에요. 예) 엄마는 허리띠를 졸라매며 어려운 시기를 넘겼다.

허리띠를 졸라매다.

 바르게 써 보세요

눈에 차다.

조금도 모자람 없이 마음에 들다.

2 바르게 써 보세요

공부한 날   년 월 일

마음이 내키다.

무엇을 하고 싶은 생각이 들다.

마음이 내키는 대로 해~

이쪽에서 축구하는 친구들이 부르고, 저쪽에서 농구하는 친구들이 불러. 어디로 가지?

바르게 써 보세요

다리를 놓다.

중간에 다른 사람을 통하거나 해서 두 사람을 연결해 준다는 뜻이에요.
예) 승기가 다리를 놓아 주어 지훈이랑 친구가 되었다.

2 바르게 써 보세요

공부한 날   년   월   일

눈에 흙이 들어가다.

죽는다는 뜻이에요. 어르신들이 죽어서 땅에 묻히는 것을 이렇게 표현하죠.

눈에 흙이 들어가다.

바르게 써 보세요

손을 떼다.

하던 일을 완전히 그만두고 다시는 손대지 않는다는 의미에요.
예) 기범이는 친구들을 괴롭히는 장난에서 완전히 손을 뗐다.

2 바르게 써 보세요

공부한 날   년   월   일

죽이 되든 밥이 되든

일이 제대로 되든지 안 되든지 어쨌든
예 "이번 방학숙제는 죽이 되든 밥이 되든 저 혼자 해볼게요!"

 바르게 써 보세요

창자가 끊어지다.

슬픔이나 분노가 참을 수 없을 정도이다.

창자가 끊어지다.

2 바르게 써 보세요

공부한 날   년   월   일

하늘 높은 줄 모르다.

무엇이 아주 높이 오른다. 예) 아빠는 물가가 하늘 높은 줄 모르게 오른다며 한숨을 쉬었다.
자기 분수를 모르고 잘난 체하거나 건방지게 행동하는 사람도 이렇게 표현해요.
예) 채연이는 아빠가 유명한 사람이라고 하늘 높은 줄 모르고 날뛴다.

하늘 높은 줄 모르다.

바르게 써 보세요

본전도 못 찾다.

일한 결과가 좋기는커녕 오히려 안한 것만도 못하게 되었을 때 쓰는 말이에요.

2 바르게 써 보세요

공부한 날   년   월   일

오금이 쑤시다.

오금은 무릎 안쪽, 뒷무릎을 말해요. 무슨 일을 하고 싶어 가만히 앉아 있지 못한다는 뜻이에요. **예** 재환이는 밥을 먹는 중에도 친구들과 놀고 싶어서 오금이 쑤신다.

오금이 쑤시다.

 바르게 써 보세요

오금이 붙다.

어떤 이유로 팔다리가 잘 움직이지 않는다.
예 수술 후 병 때문에 오금이 붙은 할아버지를 보니 마음이 아팠다.

2 바르게 써 보세요

공부한 날   년   월   일

가슴을 앓다.

속을 태우며 마음의 고통을 느끼다.
예) 상민이는 자기가 지혜를 좋아한다는 소문 때문에 가슴을 끙끙 앓고 있다.

 바르게 써 보세요

입의 혀 같다.

일을 시키는 사람의 뜻대로 잘 움직여주다.

입의 혀 같다.

2

바르게 써 보세요

공부한 날   년   월   일

등을 돌리다.

마주 보지 않고 뒤돌아 있는 모습을 생각해 보세요. 어떤 사람이나 단체와 관계를 끊을 때 쓰는 표현이에요. 예) 아빠는 불쌍한 사람에게 등을 돌리면 안 된다고 하셨다.

바르게 써 보세요

말꼬리를 잡고 늘어지다.

남이 말하는데 꼬투리를 잡아 꼬치꼬치 따지고 들다.

말꼬리를 잡고 늘어지다.

🥕 이야기

손꼽아 기다리던 여름방학이 시작되었습니다. 효린이는 놀이동산에 가고 싶어 엄마를 졸랐습니다.

"엄마! 방학도 했는데 놀이동산 가요~."

"효린아, 이렇게 더운데 놀이동산 가서 놀 수 있을까?"

"친구들이 그러는데 이번에 귀신의 집이 새로 생겼대요. 거기 들어가면 귀신들이 막 놀래키고 해서 하나도 안 덥고 재미있대요!"

"귀신의 집이면… 무섭지 않을까? 넌 무서운 얘기도 싫어하잖아. 근데 거긴 들어갈 수 있겠어?"

"그~럼요. 친구들도 다 들어가는데 저라고 못하겠어요? 언제 가요?"

그렇게 효린이는 가족과 함께 놀이동산에 갔습니다. 오랜만의 나들이에 신이 난 효린이는 전에는 무서워서 못 타던 열차와 바이킹도 탔습니다. 드디어 한껏 기대하던 귀신의 집에 도착했습니다. 그러나 캄캄한 입구로 몇 발짝 디디지도 않았는데 무서운 소리가 들리자 효린이는 바로 ○○○ ○○○○○. 이상한 게 눈앞에 떨어지는 것 같고, 자기를 잡으러 오는 것 같은 느낌에 두 눈을 꼭 감아 버렸습니다. 결국, 엄마 아빠는 그런 효린이를 꼭 안고 곧바로 나와야 했습니다.

그날 밤 효진이는 다시는 귀신의 집 같은 곳에는 가지 않으리라 다짐하고 또 다짐했습니다.

Q. ○○○ ○○○○○에 맞는 관용어는 무엇일까요? 너무 놀라서 팔다리가 잘 움직이지 않을 때 사용하는 표현입니다.

A.

◀ 정답 : 손발이 꽁꽁 얼었다

3 바르게 써 보세요

공부한 날   년 월 일

뜬구름을 잡다.

뭔가 구체적으로 생각하는 것 없이 세상에 없는 것을 쫓을 때 쓰는 표현입니다.
예) 엄마는 가끔 오는 트럭 아저씨를 두고 뜬구름 잡는 말로 사람들을 꼬신다고 했다.

뜬구름을 잡다.

 바르게 써 보세요

사람을 잡다.

사람을 심하게 어려운 형편으로 몰아가는 모습을 표현하는 말이에요.
예) 동네 사람들은 옆집 아줌마가 아들을 잡는다고 했다.

3  바르게 써 보세요

공부한 날   년   월   일

사족을 못 쓰다.

'사족(四足)'은 동물이라면 네 발, 사람이라면 두 팔과 두 다리를 말해요. 무슨 일에 반하거나 혹하여 두 팔과 다리를 움직이지 못한다는 의미에요.

 바르게 써 보세요

귀가 얇다.

남의 말을 쉽게 받아들인다.

귀가 얇다.

3 바르게 써 보세요

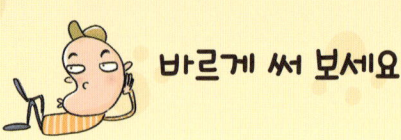

공부한 날　년　월　일

벌집을 쑤시어 놓은 것
같다.

벌통을 건드리면 벌들이 있는 대로 몰려나와 쏘아 대겠죠? 이렇게 온통 난장판이 되어 매우 어수선함을 빗대어 이르는 말이에요.

벌집을 쑤시어 놓은 것 같다.

3  바르게 써 보세요

공부한 날   년 월 일

불낸 놈이 불이야 한다.

지은 죄를 숨기려고 한 짓이 도리어 죄를 드러내는 꼴이 된다는 표현이에요. '도둑이 포도청 간다' '도둑이 도둑이야 한다'라는 속담도 같은 뜻입니다.

불낸 놈이 불이야 한다.

 바르게 써 보세요

구미가 당기다.

구미(口味), 즉 입맛이 당긴다는 것은 관심이나 욕심이 생긴다는 의미에요. '구미가 돌다'라고도 표현합니다. 예 "네 얘기를 듣고 보니 합기도도 구미가 당기네."

3 바르게 써 보세요

공부한 날   년   월   일

마음이 통하다.

서로의 생각이 같아서 이해가 잘되다.
예) 다인이와 정은이는 마음이 통하는 친구다.

마음이 통하다.

바르게 써 보세요

눈에 익다.

여러 번 보아서 익숙하다.

3 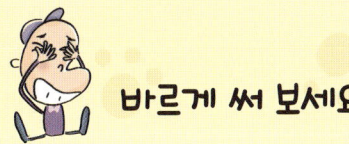 바르게 써 보세요

공부한 날   년   월   일

밑도 끝도 없다.

앞뒤 관계없는 말을 불쑥 꺼내어 갑작스럽거나 당황스러울 때 쓰는 표현
예) "너 요즘 잠은 잘 자냐?" 동훈이는 밑도 끝도 없이 밥을 먹다 말고 물었다.

 바르게 써 보세요

똥을 밟다.

운 나쁘게 좋지 않은 일을 겪는다는 의미예요.

똥을 밟다.

십자퍼즐

① 분하거나 고통스러워 북받치는 감정을 힘껏 참다. 또는 어떤 결심을 굳게 할 때도 이렇게 표현합니다.

② 어르신들이 죽어서 땅에 묻히는 것을 이렇게 표현하죠.

③ 일이 제대로 되든지 안 되든지 어쨌든. 될 대로 되라~.

④ 상대편과 관련을 짓기 위하여 중간에 다른 사람을 넣다.

⑤ 무리에서 떨어져 나오거나 홀로 남게 된 상태를 빗대어 이르는 말

⑥ 매일매일 변화하는 속도가 매우 빠르다.

⑦ 하던 일을 완전히 그만두고 다시는 손대지 않는다는 뜻의 관용어

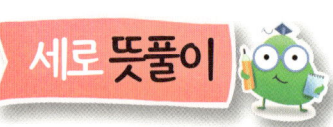

① 부끄럽거나 창피하여 남을 떳떳하게 대하지 못할 때 쓰는 말이에요.

② 먹은 것이 없어서 배가 홀쭉하고 몹시 배고프다.

③ 매우 걱정되고 불안스러워 마음을 놓지 못한다는 뜻의 관용어

④ 조금도 모자람 없이 마음에 들다.

⑤ 검소한 생활을 하다. 또는 마음먹은 일을 이루려고 새로운 마음으로 각오를 다질 때도 쓰는 표현이에요.

⑥ 무슨 일을 하고 싶어 가만히 앉아 있지 못하다.

4 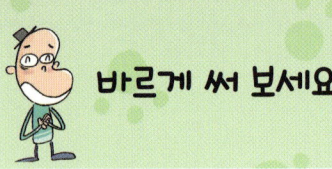 바르게 써 보세요

공부한 날   년   월   일

시간 가는 줄 모르다.

매우 바쁘게 진행되거나 어떤 일에 몰두하다 보니 시간이 어떻게 지났는지 모르겠다.

 바르게 써 보세요

가슴에 손을 얹다.

양심에 두고 말하거나 생각할 때 이렇게 말하죠.
예 "가슴에 손을 얹고 난 동생 안 때렸어요, 엄마!"

가슴에 손을 얹다.

4  바르게 써 보세요

공부한 날   년   월   일

온실 속의 화초

어려움이나 고난을 겪지 않고 그저 곱게만 자란 사람을 가리키는 말이에요.
예) 온실 속 화초처럼 자란 엄마는 아빠를 만나 잡초가 되었다고 하신다.

온실 속의 화초

 바르게 써 보세요

혀가 짧다.

너 왜 자꾸 혀 짧은 소리를 내냐?

형아~, 이 로봇 나 주면 안돼?

발음이 명확하지 않거나 말을 더듬다.

4 바르게 써 보세요

공부한 날   년   월   일

밑천이 드러나다.

평소에 숨겨져 있던 성격이 밖으로 나타났을 때 사용하는 표현. 또는 쓰던 돈이나 물건이 다 떨어졌을 때도 이렇게 표현합니다.

밑천이 드러나다.

 바르게 써 보세요

눈이 시다.

하는 짓이 거슬려 보기에 아니꼽다. 예 "정말 눈이 시어서 못 봐주겠다."

4 바르게 써 보세요

공부한 날   년   월   일

쐐기를 박다.

뒤탈이 없도록 미리 단단히 다짐을 두다. 예) 아빠는 오늘 준 용돈이 다음주치라고 쐐기를 박았다.

바르게 써 보세요

찬물을 끼얹다.

잘되어 가고 있는 일에 뛰어들어 분위기를 흐리거나 공연히 트집을 잡아 엉망을 만드는 상태를 이야기하죠.

찬물을 끼얹다.

4 바르게 써 보세요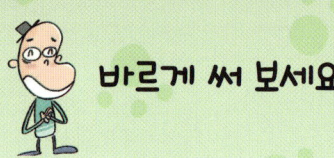

공부한 날   년 월 일

손을 씻다.

부정적인 일이나 찜찜한 일에 얽혀 있던 관계를 끊다.

 바르게 써 보세요

입에 침 바른 소리

겉만 번지르르하게 꾸미어 듣기 좋게 하는 말
예 "내가 세상에서 가장 예쁘다고? 입에 침 바른 소리 그만 하지!"

입에 침 바른 소리

4  바르게 써 보세요

공부한 날   년   월   일

무슨 바람이 불어서

무슨 마음이 내켜서 또는 무슨 일이 있어서
예 "무슨 바람이 불어서 이렇게 일찍 일어났어?"

무슨 바람이 불어서

 바르게 써 보세요

귀가 따갑다.

너무 여러 번 들어서 듣기가 싫다.

 자음퀴즈

① PC방에서 친구와 게임을 하고 집에 왔더니 아뿔싸! 책가방을 놓고 왔네요.

② 꼭 해야 할 일을 하지 않고 엉뚱한 일을 하고 있다는 뜻이기도 하죠.

③ 집을 나서다 놀이터에서 친구를 만나 신나게 놀다 보니 엄마의 심부름을 잊어버렸네요.

④ 일에 몰두한 나머지 먹는 것까지 잊어버린다는 뜻의 발분망식(發憤忘食)이란 사자성어와 같은 뜻이기도 합니다.

 ▶ ～～～～～～～～～～～～～～～～～～

① 수학 시험지를 받았는데 아는 문제가 하나도 없을 때, 어흑!

② 아침에 엄마한테 친구 생일선물비를 받아서 학교에 갔는데, 없어졌을 때

③ 처음 간 동네에서 엄마를 잃어버렸어요. 어찌할 바 모르고 당황하겠죠?

④ 아빠가 새로 사준 핸드폰이 없어졌어요. 헉! 어제 사주신 건데….

답 ▶ ～～～～～～～～～～～～～～～～～～

▶ 정답 : 날벼락 ◀ ▶ 정답 : 정신없다 ◀

5 바르게 써 보세요

공부한 날   년   월   일

비행기를 태우다.

남을 지나치게 칭찬할 때 쓰는 표현이에요.
예) "비행기 그만 태우세요. 저 그렇게 잘하는 거 아니에요."

비행기를 태우다.

 바르게 써 보세요

머리털이 곤두서다.

무섭거나 놀라서 날카롭게 신경이 곤두서는 상태를 가리키는 표현

5 바르게 써 보세요

공부한 날   년   월   일

쌍지팡이를 짚고 나서다.

지팡이를 한쪽도 아닌 양쪽에 짚고 일어설 만큼 어떤 일에 적극적으로 반대한다는 뜻이에요.
예) 할아버지는 고모의 결혼을 반대하는 데 쌍지팡이를 짚고 나섰다.

쌍지팡이를 짚고 나서다.

바르게 써 보세요

발이 익다.

여러 번 다니어서 길에 익숙하다.

5 바르게 써 보세요

공부한 날   년   월   일

고개 하나 까딱하지 않다.

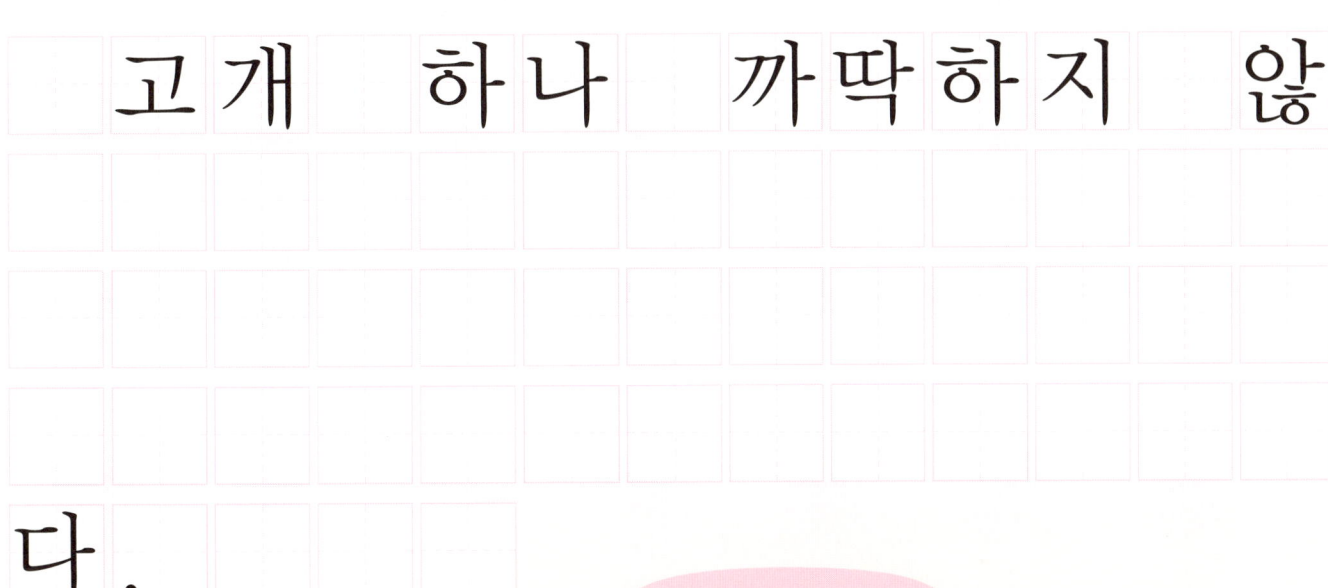

어떤 일에도 마음의 동요를 조금도 보이지 않고 꼼짝도 하지 않는다.
예) 승민이는 선생님의 호통에도 고개 하나 까딱하지 않았다.

고개 하나 까딱하지 않다.

5

  바르게 써 보세요

공부한 날   년   월   일

살을 붙이다.

글이나 말에 내용이나 표현을 덧붙인다는 뜻이에요.
예) 수민이는 독후감에 살을 붙이라는 선생님의 조언에 몇 시간째 고민하고 있다.

살을 붙이다.

 바르게 써 보세요

발등에 불이 떨어지다.

일이 매우 절박하게 닥치다.

5 바르게 써 보세요

공부한 날   년   월   일

독 안에 든 쥐

쥐가 독 안에 갇혀 있는 것처럼 어려운 상황에 몰려 도저히 벗어날 수 없는 상태를 가리키는 말이에요.

독 안에 든 쥐

 바르게 써 보세요

귀가 여리다.

속는 줄도 모르고 남의 말을 그대로 잘 믿다. '귀가 얇다'고도 하죠.
예) 수영이는 귀가 여려서 친구들의 말을 잘 믿는다.

5  바르게 써 보세요

공부한 날　년　월　일

귀가 뚫리다.

말을 알아듣게 되다. 예 자막을 보지 않고 영어로만 듣다 보면 금방 귀가 뚫린다고 했다.

 바르게 써 보세요

뿌리를 뽑다.

어떤 것이 생겨나고 자랄 수 있는 원인을 없애 버리다. 예 나쁜 버릇을 뿌리 뽑다.

뿌리를 뽑다.

이야기

대진이와 경재는 어릴 적부터 친구다. 같은 초등학교에 입학한 이후로 둘은 학교는 물론 학원도 같이 다니는 단짝이다.

그날도 어김없이 아침부터 경재와 같이 등교한 대진이는 청소를 마치고 혼자 집에 왔다. 간식을 먹고 경재를 만나 학원을 가려던 참이었다. 그때 집 전화벨이 울렸다.

"어머, 경재 엄마! 웬일이에요! 네? 애한테 물어보고 전화드릴게요."

"대진아~ 너 학교 끝나고 경재랑 같이 오지 않았어? 경재가 아직 집에 안 왔다는데…."

"이번 주는 제가 청소당번이라 경재 먼저 집에 갔어요. 근데 아직도 안 왔대요?"

"그래, 어떻게 된 일인지 모르겠다. 경재 엄마가 걱정하시는데…."

엄마와 함께 경재를 찾아 나선 대진이는 학교에서 좀 떨어진 곳에서 경재 엄마를 만났다.

"전에 살던 곳이 이 근처라 혹시 몰라서 여기까지 오긴 했는데, 어디로 갔을지 도통 알 수가 없네요."

"설마 학교에서 이렇게 먼 곳까지 왔을까요?"

"맞다, 엄마! 이쪽으로 한번 가 봐요."

대진이가 엄마들을 데리고 발이 닿는 대로 가다 보니 낯익은 PC방이 나왔다. 다행히 그곳에서 한참 게임중이던 경재를 찾을 수 있었다. 오래된 동네라 어른들도 헷갈려 하는 길을 찾아나선 대진이가 놀라웠던 엄마가 물었다.

"어머! 대진이는 이 복잡한 골목길을 어떻게 알았니?"

"왠지 ○○ ○○ 했더니, 어릴 적 술래잡기하면서 자주 다니던 골목이었어요."

Q. ○○ ○○에 맞는 관용어는 무엇일까요? 여러 번 다니어서 길이 익숙하다는 표현이에요.

A.

▶ 정답 : 발이 익다

6 바르게 써 보세요

공부한 날   년   월   일

꼬리에 꼬리를 물다.

끊이지 않고 계속 이어지다. 예 시연이의 궁금증은 꼬리에 꼬리를 물고 계속되었다.

 **바르게 써 보세요**

눈물이 헤프다.

어지간한 일에도 툭하면 잘 운다.

눈물이 헤프다.

개미가 내 발에 밟혀 죽었어.
흑흑

넌 왜 그렇게 눈물이 헤프냐?

6 바르게 써 보세요

공부한 날　년　월　일

머리가 굳다.

생각하는 방법이 정해져 있을 때, 기억력이 무뎌질 때 쓰는 표현이에요. 단순한 계산이 갑자기 안될 때 엄마가 당황하며 이렇게 얘기하죠.

머리가 굳다.

 바르게 써 보세요

발이 뜸하다.

자주 다니던 것이 한동안 뜸하다. 예) 요즘 우리 가게에 손님들 발이 뜸해서 엄마가 속상해하신다.

6 바르게 써 보세요

공부한 날   년   월   일

손발이 맞다.

함께 일을 하는 데에 마음이나 의견이 서로 잘 맞을 때 사용하는 표현입니다.
예) 3년이나 단짝인 우리는 무슨 일이든 손발이 척척 맞는다.

손발이 맞다.

바르게 써 보세요

얼굴이 두껍다.

부끄럼이나 거리낌이 없이 뻔뻔하다. '낯가죽이 두껍다' '낯이 두껍다'로도 쓰죠.

6  바르게 써 보세요

공부한 날   년   월   일

아닌 밤중에

뜻하지 않은 밤중에, 뜻밖의 때라는 뜻이에요. 별안간 엉뚱한 말이나 행동을 할 때를 말하는 속담 '아닌 밤중에 홍두깨'에 익숙하죠.

 바르게 써 보세요

빼도 박도 못하다.

일이 몹시 난처하게 되어 그대로 할 수도 그만둘 수도 없다.

빼도 박도 못하다.

6 바르게 써 보세요

공부한 날   년 월 일

낯을 들다.

다른 사람을 떳떳이 대할 수 있다. '얼굴을 들다'로도 씁니다.

바르게 써 보세요

입에 거미줄 치다.

가난하여 먹지 못하고 오랫동안 굶다. 아무리 살기 어려워도 사람은 죽지 않고 살기 마련이라는 뜻의 '산 입에 거미줄 치랴'로 익숙하지요.

입에 거미줄 치다.

7 바르게 써 보세요

공부한 날   년 월 일

목구멍에 풀칠하다.

굶지 않을 정도로 겨우 먹고 살다.

목구멍에 풀칠하다.

바르게 써 보세요

간이라도 빼어 줄 듯

무엇이라도 아낌없이 내줄 듯한 태도를 가리키는 말이에요.
예) 지은이는 장난감이 갖고 싶어 아빠에게 간이라도 빼어 줄 듯 애교를 부렸다.

7

 바르게 써 보세요

공부한 날   년 월 일

눈물을 머금다.

눈에 눈물이 글썽글썽~ 슬픔이나 고통을 억지로 참으려 애를 쓰다는 뜻이에요.
예) 소영이는 감기로 너무 아팠지만 시험기간이라 눈물을 머금고 학교에 갔다.

 바르게 써 보세요

닭똥 같은 눈물

몹시 방울이 굵은 눈물을 빗대어 일컫는 말

닭똥 같은 눈물

7 바르게 써 보세요

공부한 날   년 월 일

가슴에 못 박다.

마음속 깊이 분하고 억울한 생각을 맺히게 하다.
예) 정현이의 말이 가슴에 못 박혀 계속 생각이 난다.

가슴에 못 박다.

 **바르게 써 보세요**

눈앞이 캄캄하다.

어찌할 바를 몰라 아무 생각도 안 들고 아무것도 안 보이는 상태를 말해요.

7 바르게 써 보세요

공부한 날   년 월 일

걱정이 태산이다.

해결해야 할 일이 너무 많거나 복잡해서 걱정이 태산처럼 크다.
예) 청년실업률이 해마다 증가한다는 뉴스를 보며 취업을 앞둔 삼촌의 걱정이 태산이다.

걱정이 태산이다.

바르게 써 보세요

볼이 붓다.

수아는 볼이 부은 모습도 예쁘단말야, 흐~

못마땅하여 뾰로통하게 성이 나다.

7  바르게 써 보세요

공부한 날   년   월   일

골을 올리다.

화가 치밀어 오르게 만들다.

 바르게 써 보세요

자라목이 되다.

사물이나 기세가 움츠러들다. 예 선생님의 호통에 아이들은 자라목이 되었다.

자라목이 되다.

7 바르게 써 보세요

공부한 날   년   월   일

게걸음 치다.

옆으로 걸어 나가다. 또는 걸음이 몹시 느리거나 일에 발전이 없을 때에 쓰는 표현

게걸음 치다.

 **바르게 써 보세요**

가방끈이 짧다.

많이 배우지 못해 학력이 낮다. 반대되는 관용어로는 '가방끈이 길다'가 있습니다.
예) 할머니는 가방끈이 짧다는 생각에 늦은 나이에 학업을 다시 시작했다.

십자퍼즐

 가로 뜻풀이

① 어떤 일에 매우 적극적으로 반대한다는 뜻의 관용어

② 평소에 숨겨져 있던 성격이 나타나다. 또는 쓰던 돈이나 물건이 다 떨어졌을 때에도 이런 표현을 씁니다.

③ 일이 몹시 난처하게 되어 그대로 할 수도 그만둘 수도 없는 상황을 이야기하죠.

④ 너무 여러 번 들어서 듣기가 싫을 때 이런 표현을 씁니다.

⑤ 다른 사람을 떳떳이 대하는 모습을 나타내는 말

⑥ 어찌할 수 없는 막막한 상황에서 벗어날 수 없는 상태를 빗대어 이르는 말

⑦ 무섭거나 놀라서 날카롭게 신경이 곤두서는 상황

 세로 뜻풀이

① 어떤 상황에서도 마음의 동요를 조금도 보이지 않고 꼼짝도 하지 않다.

② 앞뒤 관계없이 말을 불쑥 꺼내어 갑작스럽거나 갈피를 잡을 수 없을 때 쓰는 표현

③ 마음속 깊이 분하고 억울한 생각을 맺히게 하다.

④ 어떤 글이나 말에 내용이나 표현을 덧붙여 보태다.

⑤ 사고방식이나 사상 따위가 완고하다. 또는 기억력이 무뎌지거나 단순한 계산을 못하게 되었을 때도 이렇게 얘기해요.

8  바르게 써 보세요

공부한 날   년   월   일

쥐도 새도 모르게

감쪽같이 행동하거나 처리하여 아무도 그 행동을 모르게
예) 말썽쟁이 지훈이는 쥐도 새도 모르게 딴 길로 빠져 달아났다.

 바르게 써 보세요

콧등이 시큰하다.

어떤 일에 감격하거나 슬퍼서 눈물이 나오려 하다.

콧등이 시큰하다.

8  바르게 써 보세요

공부한 날   년   월   일

엉덩이를 붙이다.

자리를 잡고 앉다.
예) 정혁이는 시험이 코앞으로 다가오자 엉덩이를 붙이고 공부를 시작했다.

엉덩이를 붙이다.

 바르게 써 보세요

숨 돌릴 사이도 없다.

잠시 휴식을 취할 여유도 없이 바쁘다. '숨쉴 사이(틈) 없다'로도 표현해요.

8 바르게 써 보세요

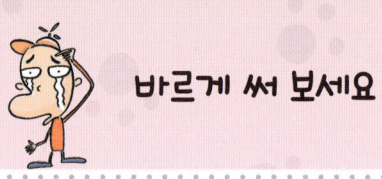

공부한 날   년 월 일

이마에 내 천(川) 자를 쓰다.

마음이 안 좋거나 걱정거리에 싸여 얼굴을 잔뜩 찌푸리다.
예) 승호가 하루가 멀다 하고 말썽을 피우니 승호 엄마는 얼굴에 내 천 자를 쓰고 다닐 수밖에 없었다.

이마에 내 천(川) 자를 쓰다.

8  바르게 써 보세요

공부한 날   년   월   일

생각이 꿀떡 같다.

무엇을 하고 싶은 생각이 매우 간절하다.

생각이 꿀떡 같다.

 바르게 써 보세요

난다 긴다 하다.

재주나 능력이 남보다 뛰어날 때 이렇게 말하죠.
예) 지민이가 달리기에 있어서는 전교에서 난다 긴다 한다.

8  바르게 써 보세요

공부한 날   년 월 일

욕심이 눈을 가리다.

욕심 때문에 상황 판단이나 사리분별을 못하다.

욕심이 눈을 가리다.

 바르게 써 보세요

가지를 치다.

한 가지 줄기에서 다른 갈래가 생긴다. 또는 회사나 단체에서 필요없는 인원이나 조직을 없애다. 예) 학교에는 소혜에 관한 나쁜 소문이 가지를 쳐서 크게 부풀었다.

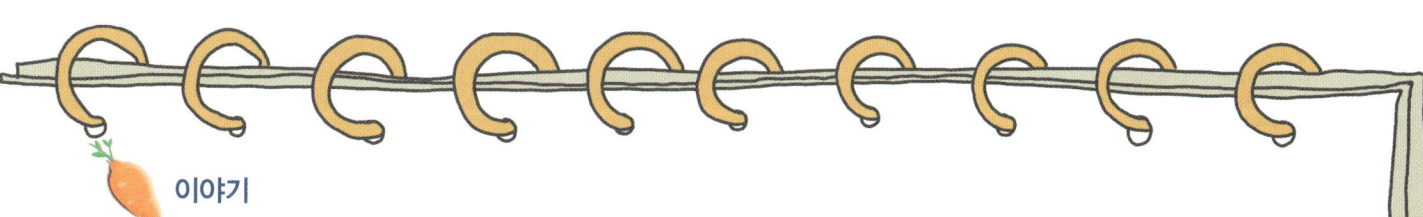

🥕 이야기

학교에서 오자마자 핸드폰을 들고 놓지 못했던 상윤이는 결국 엄마한테 꾸중을 들었다.

"상윤아! 너 핸드폰 게임은 하루에 30분만 한다고 하지 않았어? 학교에서 온 지 벌써 한 시간이 지났는데 학원 갈 준비도 하지 않고 뭐하고 있는거야?"

상윤이는 엄마 말대로 집에 오자마자 가방을 집어던지고 앉아 게임에 열을 올리고 있었다.

"아~ 엄마~ 하던 것만 마저 하고요. 친구들은 다 레벨업 했는데 저만 못해서 같이 게임할 수가 없단 말이에요."

"너! 핸드폰 사줄 때 엄마하고 했던 약속이랑 틀리잖아. 핸드폰 내놔! 약속했던 대로 지금부터 일주일간 네 핸드폰은 엄마한테 맡기는 거야!"

"아~ 제발요. 죄송해요. 이제 그만할게요. 네?"

다음날 학교에 간 상윤이는 친구들이 레벨 자랑을 하며 게임 얘기로 떠들자 빼앗긴 핸드폰 ○○○ ○○ ○○○.

Q. ○○○ ○○ ○○에 맞는 관용어는 무엇일까요? 무엇을 하고 싶은 생각이 간절하다는 뜻입니다.

A.

◀ 정답 : 생각이 굴뚝 같았다

9  바르게 써 보세요

공부한 날   년   월   일

미역국을 먹다.

어떤 상태에서 미끄러지듯 떨어지는 것을 표현해요. 주로 시험에 떨어지거나 경쟁에서 밀려날 때 사용합니다.

미역국을 먹다.

 바르게 써 보세요

뜨거운 맛을 보다.

호된 고통이나 어려움을 겪다. 예 "뜨거운 맛을 봐야 정신차리겠니?"

9 바르게 써 보세요

공부한 날   년   월   일

침을 삼키다.

음식을 몹시 먹고 싶으면 꿀꺽 침을 삼키죠. 어떤 것을 자기 것으로 하고 싶어 매우 탐을 낼 때도 이렇게 표현해요. **예** 마녀는 공주의 목걸이를 보고 침을 삼켰다.

 바르게 써 보세요

두부모 베듯

두부는 칼질 한 번이면 뚝 잘리죠. 어떤 요구를 한번에 거절할 때 쓰는 말이에요.

두부모 베듯

9 바르게 써 보세요

공부한 날   년   월   일

손이 맵다.

손으로 그냥 슬쩍 때렸는데 상대가 너무 아파하면서 이렇게 말하죠. 또는 일하는 것이 빈틈없고 매우 야무질 때도 사용하는 표현입니다.

 바르게 써 보세요

갈림길에 서다.

선택을 해야 하는 상황에 놓이다.
예) 운동시간을 줄이기로 한 수창이는 태권도를 할지 수영을 할지 갈림길에 섰다.

갈림길에 서다.

9

 **바르게 써 보세요**

공부한 날   년   월   일

설 자리를 잃다.

있어야 할 이유가 없어지는 상태를 가리키는 말이에요.

설 자리를 잃다.

 **바르게 써 보세요**

눈을 돌리다.

관심을 돌리다. **예** 아이들은 과제가 너무 어렵다며 선생님이 눈을 돌린 새 떠들기 시작했다.

9 바르게 써 보세요

공부한 날   년   월   일

코가 꿰이다.

상대에게 약점이 잡혀 이리저리 끌려가게 될 때 사용하는 말이에요.

코가 꿰이다.

하필 지훈이에게 코가 꿰여서 시키는 대로 다 하게 생겼어~ 어떡해...

 바르게 써 보세요

입만 살다.

말에 따르는 행동은 없으면서 말만 그럴듯하게 잘하는 모습을 표현하는 말이죠. '주둥이만 살다'로도 말합니다. 예) 청소는 하지도 않으면서 자기가 다한 척 입만 산 언니가 얄미웠다.

9 바르게 써 보세요

공부한 날   년   월   일

손가락 하나 까딱 않다.

일하기 매우 싫어하는 사람을 비꼬아 하는 말이에요.

바르게 써 보세요

물불을 가리지 않다.

온갖 장애나 위험을 무릅쓰고 닥치는 대로 행동하거나 일을 밀고 나가다.
예 기영이는 지하철에서 자리가 나면 물불을 가리지 않고 뛰어드는 고모가 창피했다.

물불을 가리지 않다.

미로찾기

10 바르게 써 보세요

공부한 날   년 월 일

파김치가 되다.

> 몹시 지쳐서 나른하게 된 상태를 말해요.
> 예) 김장을 마친 엄마는 파김치가 되었다.

파김치가 되다.

 바르게 써 보세요

도마 위에 오르다.

> 다른 이들로부터 비판의 대상이 되다.

10  바르게 써 보세요

공부한 날   년 월 일

손에 익다.

일이 손에 익숙해지다.

 바르게 써 보세요

발이 떨어지지 않다.

애착이나 걱정 등으로 마음이 놓이지 않아서 선뜻 떠나지 못하다.
예) 우리 멍멍이를 두고 여행을 가려니 쉽게 발이 떨어지지 않는다.

발이 떨어지지 않다.

10 바르게 써 보세요

공부한 날   년   월   일

혀를 내두르다.

매우 놀라거나 어이없어서 말을 못하다.
예) 동생이 어려운 책을 막힘없이 읽어 내려가자 모든 사람들이 혀를 내둘렀다.

혀를 내두르다.

 **바르게 써 보세요**

바가지를 쓰다.

요금이나 물건값을 치르는 데 있어서 억울하게 손해를 보다. 또는 어떤 일에 억울하게 책임지게 되다.

10 바르게 써 보세요

공부한 날   년   월   일

눈을 의심하다.

눈으로 보고도 잘못 보지 않았나 믿어지지 않고 이상하게 생각하다.
예) 창밖에 내리는 눈을 보니 지금이 4월이 맞는지 내 눈을 의심했다.

눈을 의심하다.

바르게 써 보세요

급한 불을 끄다.

우선 당장 처한 급하고 절실한 문제를 해결할 때 쓰는 말이에요.

10 바르게 써 보세요

공부한 날   년   월   일

손에 잡힐 듯하다.

매우 가깝게 또는 또렷하게 보일 때 쓰는 표현이에요.

 바르게 써 보세요

어깨를 낮추다.

겸손한 마음으로 자기를 낮추다.

어깨를 낮추다.

어깨를 낮추려면 몸부터 이렇게 낮춰볼까?

10 바르게 써 보세요

공부한 날   년 월 일

국수를 먹다.

국수는 옛날부터 결혼식 때 손님들께 대접하던 주요 음식이라 이렇게 표현해요. 결혼하는 걸 말해요. 예 "네 삼촌은 언제 국수 먹여 준다니?"

국수를 먹다.

바르게 써 보세요

깨가 쏟아지다.

몹시 아기자기 하고 재미나다. 예 유빈이와 유라는 어느 자매보다 우애가 좋아 깨가 쏟아진다.

 이야기

해마다 새해 첫 해돋이를 보기로 아빠와 철석같이 약속했던 창석이.

그러나 어느 해는 늦잠을 자서 못 가고, 어느 해는 배탈이 나서 못 가고, 또 어느 해는 산을 오르다 발목을 삐어서 되돌아왔다. 그렇게 매해 해돋이를 놓치던 창석이가 작년에는 처음으로 정상까지 올랐지만 갑작스런 날씨 변화로 해돋이는커녕 비만 맞고 돌아와야 했었다.

올해는 꼭 멋진 해돋이를 보리라 다짐하던 창석이는 졸린 눈을 비비며 아빠와 함께 집을 나섰다. 자주 오던 뒷산이지만 새해 첫날이라 해돋이를 보려고 온 사람들로 북적대었다.

"자, 우리도 슬슬 올라가 볼까? 길이 미끄러우니까 조심해서 오르자, 창석아."

간단하게 몸을 풀고 산을 오르자 점점 잠도 깨기 시작했다.

"아빠! 벌써 밝아지고 있어요. 설마 해가 뜬 건 아니죠?"

"하하! 걱정 마. 이제 조금만 오르면 정상이다. 올해는 꼭 멋진 풍경이 보일거야."

산꼭대기에는 입구에서보다 더 많은 사람들이 해돋이를 기다리고 있었다. 그리고 그렇게 기다리던 해돋이가 시작되었다. 저 멀리 앞산에서 피어나던 붉은 기운이 하나로 모이더니 천천히 하나의 해가 되어 온 세상을 비추는 것이었다.

"우와~ 아빠! 저기 저기! 우리 동네가 보여요!"

해가 완전히 떠오르고 구름도 걷히자 창석이네 동네가 ○○ ○○ ○○○.

Q. 매우 가깝게 또렷하게 보이는 것을 표현하는 말입니다. ○○ ○○ ○○○에 들어갈 관용어는 무엇일까요?

A.

11  바르게 써 보세요

공부한 날   년   월   일

골탕 먹다.

철수에게 매번 골탕 먹는 게 너무 힘들어~

음... 어떻게 해야 될까~

한꺼번에 크게 손해를 입거나 낭패를 당하다.

 바르게 써 보세요

눈을 붙이다.

잠시 잠을 청할 때 쓰는 표현 예) 피곤해서 눈을 붙이고 싶은데 동생이 자꾸 귀찮게 한다.

눈을 붙이다.

11 바르게 써 보세요

공부한 날   년   월   일

불똥이 튀다.

사건이나 말썽의 꼬투리가 엉뚱한 사람에게 미쳐 화를 입히다.
예) 누나와 형의 다툼이 끝나지 않자 우빈이는 불똥이 언제 튈지 몰라 자리를 피했다.

불똥이 튀다.

 바르게 써 보세요

머리를 굴리다.

머리를 써서 해결방안을 찾아내는 걸 말해요.

11  바르게 써 보세요

공부한 날   년   월   일

어깨가 가볍다.

무거운 책임에서 벗어나거나 그 책임을 털어 마음이 홀가분하다.

어깨가 가볍다.

 바르게 써 보세요

엎지른 물

다시 바로잡거나 되돌릴 수 없는 일을 이르는 말
예 "후회해도 소용없어. 이미 엎지른 물이야."

11  바르게 써 보세요

공부한 날   년   월   일

손때가 묻다.

어떤 물건을 오래 써서 길이 들거나 정이 들었을 때 사용하는 표현이죠.
예) 할머니 방에 있는 서랍장에는 할머니의 손때가 묻어 정겹다.

 바르게 써 보세요

감투를 쓰다.

벼슬자리나 높은 지위에 오르는 것을 이르는 말이에요.

감투를 쓰다.

11  바르게 써 보세요

공부한 날   년   월   일

한술 더 뜨다.

이미 어느 정도 잘못된 일에 한 단계 더 엉뚱한 짓을 하다. 또는 남이 생각하고 있는 것을 미리 헤아려 거기에 대처할 계획을 세운다는 의미도 있어요.

한술 더 뜨다.

 바르게 써 보세요

심장이 약하다.

마음이 약하고 숫기가 없다. 예) 은아는 심장이 약해서 모르는 사람들 앞에는 서지 못했다.

11  바르게 써 보세요

공부한 날   년   월   일

발바닥에 불이 나다.

부리나케 여기저기 돌아다니는 모습을 의미하는 표현이에요.

 바르게 써 보세요

국물도 없다.

무슨 일을 했어도 돌아오는 몫이나 이득이 아무것도 없다. '건더기가 없다'도 비슷한 뜻이에요.

국물도 없다.

십자퍼즐

1. 많이 배우지 못해 학력이 낮다.
2. 감쪽같이 행동하거나 처리하여 아무도 그 행방을 모르게
3. 몹시 지쳐서 나른한 상태를 가리키는 말이에요.
4. 상대의 어떤 요구를 망설임 없이 한번에 거절하는 것을 이르는 말이에요.
5. 다른 사람들의 비판의 대상이 되다.
6. 머리를 써서 해결방안을 찾아낸다는 뜻이에요.

1. 무엇이라도 아낌없이 내줄 듯한 태도를 가리키는 말이에요.
2. 한 가지 줄기에서 다른 갈래가 생기다.
3. 옆으로 걸어 나가다. 또는 걸음이 몹시 느리거나 일에 발전이 없을 때도 이렇게 표현합니다.
4. 재주나 능력이 남보다 뛰어날 때 이렇게 얘기하죠.
5. 어떤 일을 해도 돌아오는 몫이나 이득이 아무것도 없다는 의미
6. 누군가의 관심을 돌리다.
7. 일이 손에 익숙해질 때를 나타내는 말이에요.

관용어 전체

가방끈이 짧다
　많이 배우지 못해 학력이 낮다. 반대되는 관용어로는 '가방끈이 길다'

가슴에 못 박다
　마음 속 깊이 분하고 억울한 생각을 맺히게 하다.

가슴에 손을 얹다
　양심에 두고 말하거나 생각하다.

가슴을 앓다
　속을 태우며 마음의 고통을 느끼다.

가지를 치다
　한 가지 줄기에서 다른 갈래가 생기다.

간이라도 빼어 줄 듯
　무엇이라도 아낌없이 내줄 듯한 태도를 가리키는 말

간을 졸이다
　매우 걱정되고 불안스러워 마음을 놓지 못할 때

갈림길에 서다
　선택을 해야 하는 상황에 놓이다.

감투를 쓰다
　벼슬자리나 높은 지위에 오르는 것을 이르는 말

걱정이 태산이다
　해결해야 할 일이 너무 많거나 복잡해서 걱정이 태산처럼 크다.

게걸음 치다
　옆으로 걸어 나가다. 또는 걸음이 몹시 느리거나 일이 발전이 없을 때에 쓰는 표현

고개 하나 까딱하지 않다
　어떤 일에도 마음의 동요를 조금도 보이지 않고 꼼짝도 하지 않는다.

골을 올리다
　화가 치밀어 오르게 만들다.

골탕 먹다
　한꺼번에 크게 손해를 입거나 낭패를 당하다.

구미가 당기다
　관심이나 욕심이 생기다.

국수를 먹다
　결혼식을 하다.

국물도 없다
　무슨 일을 했어도 돌아오는 몫이나 이득이 아무것도 없다.

귀가 따갑다
　너무 여러 번 들어서 듣기가 싫다.

귀가 뚫리다
　말을 알아듣게 되다.

귀가 얇다
남의 말을 쉽게 받아들인다.

귀가 여리다
속는 줄도 모르고 남의 말을 그대로 잘 믿다. '귀가 얇다'고도 하죠.

급한 불을 끄다
우선 당장 처한 급하고 절실한 문제를 해결하다.

깨가 쏟아지다
몹시 아기자기 하고 재미나다.

꼬리에 꼬리를 물다
끊이지 않고 계속 이어지다.

낙동강 오리알
무리에서 떨어져 나오거나 홀로 남게 되는 상태를 이르는 말

난다 긴다 하다
재주나 능력이 남보다 뛰어나다.

날개를 펴다
생각이나 감정 등을 힘차게 펼친다. '나래를 펴다'로도 써요.

낯을 들다
다른 사람을 떳떳이 대할 수 있다. '얼굴을 들다'로도 씁니다.

낯을 못 들다
부끄럽거나 창피하여 남을 떳떳이 대하지 못할 때 쓰는 표현

눈물을 머금다
슬픔이나 고통을 억지로 참으려 애를 쓰다.

눈물이 헤프다
어지간한 일에도 툭하면 잘 운다.

눈앞이 캄캄하다
어찌할 바를 몰라 아무 생각도 안 들고 아무것도 안 보이는 상태

눈에 익다
여러 번 보아서 익숙하다.

눈에 차다
조금도 모자람 없이 마음에 들다.

눈에 흙이 들어가다
죽는다는 뜻이에요. 어르신들이 죽어서 땅에 묻히는 것을 이렇게 표현하죠.

눈을 돌리다
관심을 돌리다.

눈을 붙이다
잠시 잠을 청할 때 쓰는 표현

눈을 의심하다
눈으로 보고도 잘못 보지 않았나 믿어지지 않고 이상하게 생각하다.

눈이 시다
하는 짓이 거슬려 보기에 아니꼽다.

다리를 놓다
중간에 사람을 통하거나 해서 두 사람을 연결해 준다는 뜻

닭똥 같은 눈물
몹시 방울이 굵은 눈물을 빗대어 일컫는 말

도마 위에 오르다
다른 이들로부터 비판의 대상이 되다.

독 안에 든 쥐
쥐가 독 안에 갇혀 있는 것처럼 어려운 상황에 몰려 도저히 벗어날 수 없는 상태를 가리키는 말

두부모 베 듯
어떤 요구를 한번에 거절할 때 쓰는 말

등을 돌리다
어떤 사람이나 단체와 관계를 끊다.

똥을 밟다
운 나쁘게 좋지 않은 길을 겪다.

뜨거운 맛을 보다
호된 고통이나 어려움을 겪다.

뜬구름을 잡다
뭔가 구체적으로 생각하는 것 없이 세상에 없는 것을 쫓을 때 쓰는 표현

마음이 내키다
무엇을 하고 싶은 생각이 들다.

마음이 통하다
서로의 생각이 같아서 이해가 잘되다.

말꼬리를 잡고 늘어지다
남이 말하는데 꼬투리를 잡아 꼬치꼬치 따지고 들다.

머리가 굳다
생각하는 방법이 정해져 있을 때, 기억력이 무뎌질 때 쓰는 표현

머리를 굴리다
머리를 써서 해결방안을 찾아내다.

머리털이 곤두서다
무섭거나 놀라서 날카롭게 신경이 곤두서는 상태를 가리키는 표현

목구멍에 풀칠하다
굶지 않을 정도로 겨우 먹고 살다.

무슨 바람이 불어서
무슨 마음이 내켜서 또는 무슨 일이 있어서

물불을 가리지 않다
온갖 장애나 위험을 무릅쓰고 닥치는 대로 행동하거나 일을 밀고 나가다.

미역국을 먹다
어떤 상태에서 미끄러지듯 떨어지다. 주로 시험에 떨어지거나 경쟁에서 밀려날 때 사용

밑도 끝도 없다
앞뒤 관계 없는 말을 불쑥 꺼내어 갑작스럽거나 당황스러울 때 쓰는 표현

밑천이 드러나다
평소에 숨겨져 있던 성격이 밖으로 나타났을 때, 또는 쓰던 돈이나 물건이 다 떨어졌을 때

바가지를 쓰다
요금이나 물건값을 치르는 데 있어서 억울하게 손해를 보다. 또는 어떤 일에 억울하게 책임지게 되다.

발바닥에 불이 나다
　부리나케 여기저기 돌아다니는 모습을 일컫는 표현

발등에 불이 떨어지다
　일이 매우 절박하게 닥치다.

발이 떨어지지 않다
　애착이나 걱정 등으로 마음이 놓이지 않아서 선뜻 떠나지 못하다.

발이 뜸하다
　자주 다니던 것이 한동안 뜸하다.

발이 익다
　여러 번 다니어서 길에 익숙하다.

뱃가죽이 등에 붙다
　먹은 것이 없어서 배가 홀쭉하고 몹시 배가 고프다.

벌집을 쑤시어 놓은 것 같다
　온통 난장판이 되어 매우 어수선하다.

본전도 못 찾다
　일한 결과가 좋기는커녕 오히려 안한 것만도 못하게 되었을 때 쓰는 말

볼이 붓다
　못마땅하여 뾰로통하게 성이 나다.

불 낸 놈이 불이야 한다
　지은 죄를 숨기려고 한 짓이 도리어 죄를 드러내는 꼴이 된다.

불똥이 튀다
　사건이나 말썽의 꼬투리가 엉뚱한 사람에게 미쳐 화를 입히다.

비행기를 태우다
　남을 지나치게 칭찬할 때 쓰는 표현

빼도 박도 못하다
　일이 몹시 난처하게 되어 그대로 할 수도 그만 둘 수도 없다.

뿌리를 뽑다
　어떤 것이 생겨나고 자랄 수 있는 원인을 없애 버리다.

사람을 잡다
　사람을 심하게 어려운 형편으로 몰아가는 모습을 표현하는 말

사족을 못 쓰다
　무슨 일에 반하거나 혹하여 꼼짝 못하다.

살을 붙이다
　글이나 말에 내용이나 표현을 덧붙인다는 뜻

생각이 꿀떡 같다
　무엇을 하고 싶은 생각이 매우 간절하다.

설 자리를 잃다
　있어야 할 이유가 없어지는 상태를 가리키는 말

손가락 하나 까딱 않다
　일하기 매우 싫어하는 사람을 비꼬아 하는 말

손때가 묻다
　어떤 물건을 오래 써서 길이 들거나 정이 들었을 때 사용하는 표현

손발이 맞다
함께 일을 하는 데에 마음이나 의견이 서로 잘 맞을 때 사용하는 표현

손에 익다
일이 손에 익숙해지다.

손에 잡힐 듯하다
매우 가깝게 또는 또렷하게 보일 때 쓰는 표현

손을 떼다
하던 일을 완전히 그만두고 다시는 손대지 않는다는 의미

손을 씻다
부정적인 일이나 찜찜한 일에 얽혀 있던 관계를 끊다.

손이 맵다
손으로 슬쩍 때려도 아프다. 또는 일하는 것이 빈틈없고 매우 야무지다.

숨 돌릴 사이도 없다
잠시 휴식을 취할 여유도 없이 바쁘다.

시간 가는 줄 모르다
매우 바쁘게 진행되거나 어떤 일에 몰두하다 보니 시간이 어떻게 지났는지 모르겠다.

심장이 약하다
마음이 약하고 숫기가 없다.

쌍지팡이를 짚고 나서다
지팡이를 한쪽도 아닌 양쪽에 짚고 일어설 만큼 어떤 일에 적극적으로 반대한다는 뜻

쐐기를 박다
뒤탈이 없도록 미리 단단히 다짐을 두다.

아닌 밤중에
뜻하지 않은 밤중에, 뜻밖의 때

어깨가 가볍다
무거운 책임에서 벗어나거나 그 책임을 털어 마음이 홀가분하다.

어깨를 낮추다
겸손한 마음으로 자기를 낮추다.

어제가 다르고 오늘이 다르다
하루하루 변화하는 속도가 매우 빠를 때

얼굴이 두껍다
부끄럼이나 거리낌이 없이 뻔뻔하다.

엉덩이를 붙이다
자리를 잡고 앉다.

엎지른 물
다시 바로잡거나 되돌릴 수 없는 일을 이르는 말

오금이 붙다
어떤 이유로 팔다리가 잘 움직이지 않는다.

오금이 쑤시다
오금은 무릎 안쪽, 뒷무릎을 말해요. 무슨 일을 하고 싶어 가만히 앉아 있지 못한다는 뜻

온실 속의 화초
어려움이나 고난을 겪지 않고 그저 곱게만 자란 사람을 가리키는 말

욕심이 눈을 가리다
　욕심 때문에 상황 판단이나 사리분별을 못하다.

이마에 내 천(川) 자를 쓰다
　마음이 안 좋거나 걱정거리에 싸여 얼굴을 잔뜩 찌푸리다.

입만 살다
　말에 따르는 행동은 없으면서 말만 그럴듯하게 잘하다.

입술을 깨물다
　분하거나 고통스러워 북받치는 감정을 힘껏 참다. 또는 어떤 결심을 굳게 할 때도 쓰는 표현이에요.

입에 거미줄 치다
　가난하여 먹지 못하고 오랫동안 굶다.

입에 침 바른 소리
　겉만 번지르르하게 꾸미어 듣기 좋게 하는 말

입의 혀 같다
　일을 시키는 사람의 뜻대로 잘 움직여주다.

자라목이 되다
　사물이나 기세가 움츠러들다.

죽이 되든 밥이 되든
　일이 제대로 되든지 안 되든지 어쨌든

쥐도 새도 모르게
　감쪽같이 행동하거나 처리하여 아무도 그 행동을 모르게

찬물을 끼얹다
　잘되어 가고 있는 일에 뛰어들어 분위기를 흐리거나 공연히 트집을 잡아 엉망을 만드는 상태

창자가 끊어지다
　슬픔이나 분노가 참을 수 없을 정도이다.

침을 삼키다
　음식을 몹시 먹고 싶을 때, 또는 어떤 것을 자기 것으로 하고 싶어 매우 탐을 낼 때 쓰는 표현

코가 꿰이다
　상대에게 약점이 잡혀 이리저리 끌려가게 되다.

콧등이 시큰하다
　어떤 일에 감격하거나 슬퍼서 눈물이 나오려 하다.

파김치가 되다
　몹시 지쳐서 나른하게 된 상태

하늘 높은 줄 모르다
　① 무엇이 아주 높이 오르다 ② 자기 분수를 모르고 잘난 체하거나 건방지게 행동하는 사람을 이르는 말

한술 더 뜨다
　어느 정도 잘못된 일에 한 단계 더 엉뚱한 짓을 하다.

허리띠를 졸라매다
　검소한 생활을 하다. 또는 마음먹은 일을 이루려고 새로운 마음으로 각오를 다질 때도 쓰는 말

혀가 짧다
　발음이 명확하지 않거나 말을 더듬다.

혀를 내두르다
　매우 놀라거나 어이없어서 말을 못하다.

▶ P.9 숨은그림찾기 답

▶ P.45 숨은그림찾기 답

제조국 대한민국
제조자 굿인포메이션(스쿨존)
제조년월 2016년 10월
사용연령 6세 이상 어린이 제품
주의사항 종이에 베이거나 긁히지 않도록 조심하세요.

관용어 따라쓰기 2   ISBN 978-89-94113-35-7 73370 ‖ 초판 1쇄 펴낸날 2016년 10월 30일 ‖ 2차개정 1쇄 2020년 8월 1일
기획 그루터기 ‖ 일러스트 유세환, 강승구 ‖ 펴낸이 정혜옥 ‖ 펴낸곳 굿인포메이션(스쿨존)
출판등록 1999년 9월 1일 제1-2411호 ‖ 주소 04779 서울시 성동구 뚝섬로 1나길 5(헤이그라운드) 7층
전화 02)929-8153 ‖ 팩스 02)929-8164 ‖ E-mail goodinfozuzu@hanmail.net

- 스쿨존은 굿인포메이션의 자회사입니다.   ● 잘못된 책은 본사나 구입하신 서점에서 바꾸어 드립니다.
- 이 책은 스쿨존이 저작권자와의 계약에 따라 발행한 것이므로 본사의 서면허락 없이는 어떠한 형태나 수단으로도 내용을 이용하지 못합니다.

도서출판 스쿨존은 교사, 학부모님들의 소중한 의견을 기다립니다. 책 출간에 대한
기획이나 원고가 있으신 분은 이메일 goodinfozuzu@hanmail.net으로 보내주세요.